L'AMNISTIE

—

COMPTE-RENDU

DE LA

COMMISSION DU PÉTITIONNEMENT

—

Prix : 15 centimes

—

PARIS

PAUL RITTI, LIBRAIRE-ÉDITEUR

53 *bis*, QUAI DES GRANDS-AUGUSTINS

—

1876

L'AMNISTIE

COMPTE-RENDU

DE LA

COMMISSION DU PÉTITIONNEMENT

Avant de se dissoudre, la Commission du pétitionnement pour l'Amnistie doit au public un exposé succinct des motifs qui l'ont fait agir et le compte-rendu des résultats qu'elle a obtenus.

La première partie de cette tâche a déjà été remplie au début de nos travaux et complétée depuis par les discours prononcés récemment dans les Chambres. Sans rentrer dans cette discussion, nous nous bornerons à dire que nous appliquons aux événements du 18 mars 1871, comme à tous les faits historiques, cette règle de critique qui exige que l'on n'accepte qu'avec la plus extrême réserve l'histoire des vaincus écrite par les vainqueurs. L'avenir seul, suivant nous, pourra juger avec impartialité ces formidables mouvements. Il nous paraît impossible d'admettre que les combattants de la Commune n'aient été qu'une horde d'incendiaires et d'assassins, car l'on ne persuadera à personne que cette même population parisienne, dont tout le monde a célébré les admirables qualités pendant le siége, se soit transformée subitement, comme on l'a dit, en un « ramassis de scélérats. » Paris a eu tous les torts.

nous dit-on ; soit. Mais, dans les temps troublés comme les nôtres, alors que la division politique règne jusque dans le sein des familles, le plus difficile n'est pas de faire son devoir, mais de savoir de quel côté se trouve le devoir.

Au moment où allait se discuter devant les Chambres cette grande question de l'Amnistie, nous avons donc cru être utiles en venant donner à nos représentants l'appui de notre initiative. On avait dit à la tribune que la province ne voulait pas l'Amnistie ; nous avons dit : Interrogeons la province.

Nous connaissions les difficultés où nous nous engagions. Nous savions que, si le gouvernement ne s'opposait pas directement au pétitionnement, il l'entraverait par tous les moyens qui restaient à sa disposition. Une note officieuse de l'agence Havas venait, en effet, dès les premiers jours, refroidir les zèles trop timides. Les instigateurs du mouvement allaient être, disait-on, poursuivis. La défense aux propriétaires de tous lieux publics de laisser signer dans leurs établissements obligeait nos collaborateurs à aller recueillir individuellement les adhésions à domicile. Les preuves abondent dans notre correspondance, des obstacles de tous genres qu'ils ont rencontrés (1). A ces motifs il faut joindre encore les craintes non justifiées, quoique facilement explicables, d'une population si souvent décimée, même dans les cas où, comme au 2 décembre, elle ne faisait que défendre une constitution dont on lui avait prêché le respect. « Nous, paysans, nous écrit l'un d'eux, ressemblons un peu à l'escargot ; au moindre danger nous rentrons dans notre coquille. »

Il n'est pas jusqu'aux usages parlementaires qui ne nous aient été défavorables, puisqu'ils s'opposent, paraît-il, à ce que le dépôt soit fait à la tribune, et interdisent même la mention de l'objet des pétitions déposées.

Mais, de toutes ces entraves, la plus grave comme la plus inattendue nous est venue de toute cette immense portion du parti républicain, rangée sous la bannière opportuniste.

---

(1) Voir aux pièces justificatives, section II.

Nous n'avions certes nullement la prétention d'exiger que nos députés, nos conseillers municipaux et les journaux qu'ils inspirent, s'engageassent docilement à notre suite. Mais sont-ils bien restés dans la vraie mesure, en opposant à notre initiative une neutralité malveillante ou même une hostilité ouverte? Plusieurs d'entre eux ont su facilement concilier leur juste indépendance avec l'appui bienveillant que nous leur demandions. Ce serait vraiment, pour des chefs républicains, une étrange manière de concevoir nos mœurs politiques que de considérer toute action spontanée de leurs électeurs, en dehors des jours de vote, comme une atteinte répréhensible à leur autorité, et nous avouons ne pas comprendre qu'ils nous aient fait refuser le plus de signatures qu'ils ont pu, en invoquant pour prétexte qu'ils craignaient que nous n'en eussions pas assez. Nous n'insisterons pas davantage sur ce sujet, leur laissant à décider, d'après les résultats que nous leur présentons, ce qu'on aurait pu obtenir s'ils avaient fait pour l'œuvre entreprise par nous la campagne qu'ils ont faite contre elle. Car, malgré tant d'obstacles accumulés, nous pouvons le dire hardiment : Nous avons réussi!

Plus de cent mille signatures, venues en quelques jours de tous les points de la France, y compris les hameaux et les plus petites communes rurales, nous paraissent une justification de notre conduite et une indication suffisante des vrais sentiments du parti républicain à propos de l'Amnistie.

Car, nous le répétons à dessein ces signatures ne viennent pas exclusivement, ni même principalement, des grands centres (1). Ceux-ci, arrêtés dans leur élan par les influences dont nous parlons plus haut, ne nous ont pas donné tout ce qu'ils auraient voulu. Nous en citerons, pour preuve, le fait suivant. Des délégués d'un arrondissement de Paris sont venus nous trouver et nous dire :

« Notre député, que nous avons consulté, nous dissuade de signer votre pétition et nous voulons suivre son conseil; mais, comme nous sommes sympathiques à votre œu-

---

(1) Voir aux pièces justificatives, section III.

vre, nous avons fait une collecte et nous vous l'apportons. »

Telle a été l'attitude de cette admirable ville, toujours si bien inspirée et si mal dirigée !

Le résultat caractéristique de notre pétitionnement consiste donc dans l'adhésion de la campagne qui, se redressant contre l'insulte qu'on lui a jetée du haut de la tribune, nous crie par des milliers de voix :

« Non, l'amnistie n'est pas une affaire exclusivement parisienne : elle intéresse la France entière, elle intéresse l'humanité (1). »

Plus que les habiles, nous avons eu confiance dans le grand cœur de la France, et nous l'avons senti vibrer.

De pareils faits sont consolants.

Nous pourrions citer telles localités, trop petites pour qu'on eût songé à elles, la patrie de Paul-Louis Courier entre autres, qui, n'ayant pas à leur disposition de pétitions imprimées, ont écrit sur papier libre cette simple formule :

« Les soussignés supplient messieurs les sénateurs et messieurs les députés de vouloir bien donner l'amnistie; » et une grande partie de la commune, les conseillers municipaux en tête, a signé.

Dans l'Allier, ceux qui ne savaient pas écrire ont fait la croix traditionnelle, et nous l'ont envoyée légalisée.

Non, ce n'est pas pour une poignée d'incendiaires et d'assassins que s'élèveraient tant de voix honnêtes et émues; c'est pour demander l'apaisement des haines par la fin des répressions; c'est pour marquer une étroite solidarité avec la grande ville républicaine qu'on ne peut flétrir sans flétrir en même temps la province tout entière dont elle est le résumé, et qui y envoie, comme dans leur centre naturel, tous ceux dont elle est fière.

Plus de cent mille signatures, obtenues dans de semblables conditions, sont donc, nous pouvons le dire, cent six mille actes de courage civique. Un pays qui, après tant d'épreuves, est encore capable d'une telle énergie, est un pays sur lequel on peut compter.

---

(1) Voir aux pièces justificatives, section III.

Et maintenant, nous rentrons dans les rangs, convaincus que nous avons accompli un devoir. Nous avons montré ce que peuvent faire quelques hommes avec un peu de foi. Ayons plus de confiance dans la France, cette nation de spontanéité généreuse. Il n'est plus douteux, à présent, que le jour où le parti républicain tout entier voudra sincèrement l'Amnistie, c'est par millions qu'il pourra apporter des signatures devant la réaction consternée.

En finissant, nous adressons nos remerciements à tous les courageux citoyens qui nous ont secondés, députés, conseillers généraux, d'arrondissement et municipaux, électeurs, et à tous les journaux de Paris et des départements qui nous ont prêté le secours de leur publicité, notamment les *Droits de l'Homme*, le *Peuple*, le *Rappel*, l'*Evénement*, l'*Avant-Garde*, le *Réveil de Montluçon*, la *République du Midi*, le *Républicain de Narbonne*, le *Progrès du Var*, le *Travailleur*, d'Angers, l'*Egalité*, de Marseille, le *Progrès*, de Lyon, le *Petit Lyonnais*, la *Victoire*, de Bordeaux, le *Républicain des Pyrénées - Orientales*, le *Progrès de la Somme*, le *Progrès*, de Limoges, l'*Avenir du Jura*, le *Républicain du Finistère*, le *Petit Radical*, de Dunkerque, la *Fraternité*, de Carcassonne, le *Réveil*, d'Alger, etc., etc.

HARANT, MALARMET, COUTURAT, Dr ROBINET, H. STUPUY, Dr SÉMERIE, LUCIEN DELABROUSSE, MARIUS POULET, DELABY, JULES TROUBAT, Dr LABARTHE.

PIÈCES JUSTIFICATIVES

Nous extrayons de notre volumineuse correspondance les lettres suivantes, qui viennent à l'appui de ce que nous avançons dans le compte rendu du pétitionnement pour l'Amnistie.

I

Le temps a manqué pour recueillir des signatures.

De Guéret (Creuse), le 2 mai. — « Nous avons reçu, trop tard pour qu'il soit possible de s'en occuper utilement, les listes de la pétition en faveur de l'Amnistie. Dans la Creuse, les campagnes surtout sont favorables à l'Amnistie ; mais, n'ayant point le temps d'organiser le pétitionnement, nous ne recueillerons qu'un nombre restreint de signatures. »

Le 14 mai. — « Je dois vous dire que si ces pétitions commencées tardivement se renouvellent, elles seront couvertes de millions au lieu de milliers de signatures. »

De Saint-Remy (Bouches-du-Rhône), 6 mai. — « Je vous envoie sous ce pli la pétition pour l'Amnistie. Je me suis empressé de la faire signer pour vous l'envoyer complète ; elle l'était au bout de vingt-quatre heures. Envoyez-m'en une autre si vous pouvez, car je crois que dans Saint-Remy seulement nous aurons plus de 500 signatures..... Si la pétition n'est pas très propre, ce sont des mains noircies par le travail qui en sont la cause. Bien des bourgeois l'ont signée aussi. »

Le 8 mai. — « Je vous envoie une feuille ; elle n'est pas toute remplie. Le temps m'a manqué, autrement j'aurais complété celle-ci et même une autre, car il y a beaucoup de citoyens qui n'ont pas su qu'on faisait circuler la pétition, et par suite n'ont pu la signer. »

De Beaurepaire (Isère). — « Nous avons été pris de court pour en réclamer (des pétitions) pour tout le canton. »

D'Asnières (Seine.) — « Le résultat est maigre, mais l'espace a été si court ! »

De Lyon. — « Nous vous adressons 40 listes contenant

1,476 signatures recueillies dans le 4e arrondissement de la ville de Lyon ; quelques-unes de ces listes ont un très petit nombre de signatures, vu le peu de temps que nous avions. »

De Coursan (Aude). — « Je regrette de ne pas avoir eu de listes, beaucoup de villages n'ont pas pétitionné à cause de cela. J'ai distribué les 14 (listes) que M. H... m'a envoyées ; j'aurais eu 100 feuilles, je les aurais distribuées la même chose. »

De Châtillon-sur-Seine (Côte-d'Or). — « Si les journaux républicains partisans de l'amnistie avaient envoyé des pétitions dans toute la France il y a un mois, les départements auraient prouvé à la réaction qu'ils sont aussi partisans de l'Amnistie que Paris. »

De Soucieu-en-Jarrest (Rhône). — « L'éparpillement des électeurs et le peu de temps qui nous est donné pour recueillir des signatures nous empêchent de donner une plus grande manifestation à cet acte. »

De Carcassonne (Aude). — « Le courant en faveur de l'Amnistie est très fort chez nous ; il le serait bien davantage si nous avions pu faire de nombreuses réunions. Malheureusement le temps nous a manqué. »

D'Azay-sur-Cher (Indre-et-Loire). — « Je vous envoie deux pétitions, l'une d'Azay-sur-Cher, l'autre de Véretz. L'une est salie. Mais quand les signataires sont dans les champs et les vignes, ou à l'atelier, à leur travail, ce n'est pas comme sur un bureau, dans un cabinet de lettrés ayant le temps de prendre leurs précautions.

« Si j'avais commencé plus tôt, j'aurais bien eu cent signatures. Beaucoup d'illettrés approuvent, et ici le quart des hommes est illettré.

« On peut donc dire que presque tout Azay est pour l'Amnistie. Car Azay est une commune rurale de 1,200 habitants, à quatre lieues de Tours, sans maire républicain. C'est une réponse à ceux qui disent que les paysans ont peur de cette mesure de clémence.

« Quant à Véretz, je m'y suis pris trop tard. J'aurais eu bien plus de signatures en commençant huit jours plus tôt. »

Presque tous nos autres correspondants tiennent le même langage. Terminons par les citations suivantes :

De Reims (Marne). — « Nous n'avons pas eu ces pétitions assez à temps, et puis nous sommes ici dans une circonstance particulière. Notre député est M. Leblond ; de plus, le journal *l'Indépendant rémois* s'est déclaré pour l'Amnistie très partielle.

« Nous n'avons pas voulu faire de scission dans le parti, en provoquant des réunions privées, etc., montrant ainsi à nos amis de la gauche modérée que ces terribles radicaux font plus de concessions que personne. Quoi qu'il en soit, et avec huit jours de plus, je ne doute pas que nous eussions recueilli un millier et plus de signatures dans notre grande ville républicaine.

« Je vous ferai remarquer que la pétition n° 12,223 porte plusieurs signatures de nos conseillers généraux, d'arrondissement et municipaux. »

De Château-Renard (Bouches-du-Rhône). — « Il est regrettable que pas un de nos chefs n'ait pris l'initiative du pétitionnement dans nos communes; il n'est pas douteux que s'ils l'avaient fait, le résultat aurait été tout autre. »

De Mauguio (Hérault). — « La plupart de nos journaux de province, organes de coteries orléano-républicaines modérées, n'ont pas fait et ne feront jamais ce qu'il faut pour donner à cette œuvre (du pétitionnement pour l'amnistie) le développement qu'elle mérite. Je crois qu'à une autre occasion, que je désire prochaine, vous feriez bien, au lieu de compter absolument sur eux, d'organiser des comités de pétitionnement dans toutes les communes, ou au moins dans tous les cantons de France; nous verrions alors si nos députés resteraient en arrière. »

II

a. Refus de légalisation. — *b.* Intimidations.

a. — A Perpignan, à Vichy, à Neuilly-en-Donjon, et dans plusieurs autres communes, les maires ont refusé de légaliser les signatures placées au bas des pétitions (1).

---

(1) Notre compte-rendu était composé et mis en pages, quand le *Journal officiel* du lundi 29 mai, a publié l'avis suivant:

« Les commissions de pétitions informent le public que la légalisation des signatures des pétitionnaires est rendue obligatoire par le règlement.

« Si la légalisation était refusée, le pétitionnaire devrait faire mention de ce refus à la suite de sa pétition.

« Toute pétition dans laquelle l'une ou l'autre de ces formalités n'aurait pas été remplie ne pourrait donc devenir l'objet d'aucun examen de la part des commissions. »

Nous avons déjà dit combien les usages parlementaires nous avaient été défavorables en s'opposant à ce que le dépôt des pétitions fût fait à la tribune, et en interdisant même la mention de l'objet des pétitions déposées. Voudrait-on invoquer maintenant ces raisons de procédure pour jeter au panier des pétitions couvertes de plus de cent mille signatures? Nous ne croyons pas que, quels que soient les sentiments de la Chambre au sujet de l'Amnistie, elle ose aller jusque là. La *b. — De Mondrepuis (Aisne).* — « Je vous retourne votre pétition signée de dix électeurs. Ce nombre est petit, car, après la note publiée par l'agence Havas, j'ai cru devoir ne plus la présenter. Nous, paysans, ressemblons un peu à l'escargot : au moindre danger, nous rentrons dans notre coquille. »

De Méru (Oise), le 8 mai. — « Je ne trouve pas de résistance réelle, mais de la crainte, de la peur même, chez des hommes dont les convictions républicaines ne sauraient être mises en doute. Ah! vous ne savez pas assez quel joug lourd pèse encore, par les prêtres, par les maires de combat, par les possesseurs terriens ou pécuniaires, par les gendarmes, sur la vie des habitants des campagnes. »

Le 12 mai. — « La déclaration Dufaure a été de la glace, et cependant la question est mieux comprise, et une solution humaine et politique serait acceptée. »

De Paris. — « Le n° 1,255 se trouve détruit; il contenait quatre signatures; cela est dû à la note ministérielle qui a fait craindre des perquisitions à la personne à qui je l'avais remis.
« Je puis le prouver si besoin est.
« Les deux feuilles n°ˢ 1,259 et 1,507 m'ont été rendues également sur la crainte qu'ont pu concevoir les détenteurs d'être perquisitionnés, toujours d'après la note ministérielle plus ou moins fondée. »

De Paris, 20 avril. — Lettre d'un conseiller municipal qu'une maladie a empêché d'assister à la réunion de la rue d'Arras :
« J'eusse été heureux d'être des vôtres et de me déclarer avec vous tous pour l'Amnistie pleine, entière, générale, sans conditions et sans réticences ou catégories. Je vous serai obligé de le déclarer en mon nom dans votre réunion. Si vous publiez une déclaration dans ce sens, je vous prie d'y ajouter ma signature. »
Quelques jours après, le même conseiller municipal renvoyait au Comité, sans aucune signature, les listes pour le pétitionnement qu'on lui avait fait parvenir, ajoutant qu'il ne croyait pas pouvoir compromettre ses électeurs en leur demandant de signer la pétition.

De Cannes (Alpes-Maritimes). — « Dans nos petits pays il est difficile d'obtenir rapidement un grand nombre de signatures. Il y faudrait employer l'excellent moyen des réunions. On nous a molestés si rudement l'été dernier, à

---

note de l'*Officiel* ne peut concerner, à notre sens, que les pétitions à venir et non point les pétitions déjà déposées. En décider autrement, ce serait jeter un défi à une importante fraction du corps électoral, et anéantir d'un trait de plume le droit de pétition.

propos de réunions ouvrières, que beaucoup de ces braves gens sont intimidés. »

De Saint-Germain-en-Laye (Seine-et-Oise). — « Je vous ai parlé dimanche de la pression exercée par la police sur les débitants pour tout ce qui concerne l'Amnistie. Mais aujourd'hui les menaces redoublent, et déjà trois personnes ont été appelées au commissariat pour avoir colporté des pétitions en faveur de l'Amnistie. Ce qui m'a valu la visite de plusieurs citoyens qui ont été assez malmenés par le commissaire et craignent un procès pour infraction à la loi sur le colportage... A-t-on le droit, oui ou non, de faire signer ces pétitions? »

III

Si la province est hostile à l'amnistie?

De Coursan (Aude), 26 avril. — « A M. Harant, président du conseil municipal de Paris :

« Ayant pris connaissance de la réunion qui a été tenue, rue d'Arras, sous votre présidence, je viens, par cette présente, vous témoigner ma reconnaissance et celle de tous les républicains de la commune de Coursan.

« Nous désirons vivement que l'initiative si humaine que vous avez prise soit couronnée de succès; nous en avons le ferme espoir.

« Nous, républicains de la campagne, il est de notre devoir de soutenir votre proposition, de la propager le plus qu'il sera possible, pour prouver au rapporteur Leblond que les villages sont plus éclairés qu'il ne le suppose.

« Je prendrai l'initiative de constituer un comité cantonal, de manière à être en rapport avec les autres villages pour le pétitionnement, et partout où je pourrai le faire je n'y faillirai pas.

« Nos félicitations au docteur Robinet pour son discours.

« Recevez, M. Harant, mes salutations fraternelles.

« André Thore. »

De Thiers (Puy-de-Dôme), le 4 mai. — « A Thiers, les pétitions seront promptement couvertes de signatures; ce sera la réponse de notre cité républicaine à ceux qui prétendent que la province ne veut pas de l'Amnistie.

« Nous démontrerons, pour notre part, que si Paris veut l'Amnistie, la France entière la réclame aussi énergiquement. »

Le 10 mai. — « Nous vous adressons par ce courrier 26 feuilles de pétition signées, contenant près de 1,400 signatures recueillies en une seule journée. La ville de Thiers seule a fourni ce chiffre; le temps nous manquant, nous n'avons pu faire signer ni la banlieue ni les campagnes environnantes. »

D'Aix (*Bouches-du-Rhône*). — « Je vous adresse ci-joint l'exemplaire de la pétition que vous m'avez envoyée. Je ne regrette qu'une chose, c'est que, au lieu d'un exemplaire, vous ne m'en ayez pas fourni une douzaine. Nous les aurions remplis en quelques jours. Quand on vient dire que les départements ne veulent pas l'Amnistie, c'est une erreur, pour le nôtre principalement. Si plus tard le pétitionnement recommence et que l'on ait du temps devant soi, je vous garantis au moins 4 à 5,000 signatures, rien que dans l'arrondissement d'Aix, qui est exclusivement rural. »

De Saint-Germain-Lembron (*Hérault*). — « Le temps seul, trop restreint, m'a empêché d'organiser le pétitionnement dans tout le canton et d'avoir un nombre beaucoup plus grand de signatures.....

« Le nombre de signatures peut paraître minime; il ne l'est pas, car il convient de compter avec les illettrés, qui, malheureusement, sont encore trop nombreux. Ainsi le petit hameau de Leconzat, qui nous a donné 30 signatures, compte 100 électeurs environ, dont la moitié certainement ne sait pas signer.

« Sur les feuilles de Saint-Germain, j'ai marqué au crayon rouge les noms des conseillers qui, 14 sur 16, ont signé. »

De La Flotte (*Charente-Inférieure*). — « Nul doute que si nous avions eu assez de temps devant nous, beaucoup de signatures eussent été recueillies dans cette île, où les aspirations vers le progrès s'accentuent tous les jours de plus en plus depuis longues années, grâce à la persévérance et à la modération de quelques fervents amis des idées modernes. »

De Maraussan (*Hérault*). — « Les listes que je vous renvoie sont signées non-seulement par des républicains de la veille, mais encore par bon nombre de personnes qui ne sont ralliées que depuis peu à notre gouvernement et qui, cependant, ont le plus ardent désir de voir oublier nos dissensions intérieures. Toutes les populations du Midi se prononcent ouvertement pour l'Amnistie. Il est regrettable seulement qu'on ait tant tardé pour faire courir ces listes, et que même beaucoup de localités aient été oubliées. »

De Neuilly-en-Donjon (*Allier*). — « La commune de Luneau (800 habitants), canton de Donjon (Allier), a signé une pétition pour l'Amnistie. Cette pétition contient 63 signatures, dont dix membres du Conseil municipal sur onze. »

De Montpellier (*Hérault*). — « Je me hâte de vous transmettre quelques signatures que j'ai pu recueillir dans mon petit village. Le rapport de M. Leblond se trompe bien en affirmant que les campagnes repoussent l'Amnistie; tout autant que les villes elles la veulent et l'appellent. »

D'Ornaison (Aude). — « J'ai l'honneur de vous adresser ci-inclus, au nom de mes amis politiques, la pétition relative à l'Amnistie, recouverte de près de cent signatures, recueillies spontanément dans notre commune. Le nombre de signataires eût été plus grand si les nombreux déshérités de l'instruction eussent pu y faire figurer leur nom. Je ne puis les porter à moins de soixante, qui, tous, nous ont exprimé leur regret de ne pouvoir s'associer à cette grande œuvre de pacification. Nous serions heureux si notre faible concours pouvait contribuer à adoucir les amertumes de nos malheureux exilés. »

De Marsillargues (Hérault). — « Je vous adresse sous ce pli 456 signatures à la pétition pour l'Amnistie, toutes recueillies dans la commune de Marsillargues (Hérault), et données surtout par des cultivateurs.

« Puisse ce faible appoint aider à ouvrir les yeux de nos trop timides députés républicains, et leur prouver que les campagnes ne sont pas aussi effrayées qu'ils veulent bien le dire, mais, au contraire, appellent de tous leurs vœux une mesure de clémence reconnue depuis longtemps nécessaire et juste. »

Nous pourrions multiplier ces citations. Nos correspondants en effet protestent presque tous contre le rapport de M. Leblond, où la province est représentée comme hostile à l'Amnistie.

Terminons en reproduisant la pétition suivante adressée à la Chambre des députés par les membres du Conseil municipal de Besse (Var) :

« Messieurs les Députés,

« Les soussignés, membres du Conseil municipal de Besse (Var), après avoir pris l'avis de leurs électeurs, ont l'honneur de vous soumettre la présente pétition, à seule fin de vous demander l'Amnistie pleine et entière pour tous les détenus et déportés politiques.

« Si l'Assemblée nationale, dans son esprit de sagesse, votait cette grande mesure de clémence, ce vote, au lieu d'effrayer nos populations des campagnes, ne ferait que les rassurer.

« Vous faisant un suprême appel, à vous, républicains de tous les groupes, nous vous disons : Assez de souffrances ; assez d'épouses séparées de leurs époux ! assez d'orphelins ; rendez-les à leurs familles. Ils étaient égarés ; ils ont droit à la clémence de la nation.

« Ont signé : Bœuf, Viort, Paye, Muraire, Ventre, Mirabeau, Joulian, Laure, Portal, Marquis, Calais, German, Mouttet. »

IV

Communications venues de l'étranger.

De Bungay, Suffolk (Angleterre). — « Je pense que mon devoir, en ma qualité de Français et d'électeur, est de signer une pétition que je considère comme un acte de haute justice et de clémence. »

REGNAUD,
Employé de commerce.

De Londres, 8 mai, télégramme. — « Veuillez, je vous prie, m'envoyer deux ou trois exemplaires de la pétition pour l'Amnistie. »

VICHARD,
Négociant.

De Pise (Italie), 26 avril. — « A Monsieur Stupuy, secrétaire du Comité pour l'Amnistie.

« Cher concitoyen,

« Je lis dans le *Rappel* qu'une souscription est ouverte pour couvrir les frais du pétitionnement dont vous prenez généreusement l'initiative. Je vous envoie à cet effet, et ci-incluse, la somme de 400 francs, dont vous voudrez m'accuser réception.

« Agréez, etc. »

B....

Pour copie conforme :

Le Secrétaire de la Commission,
HIPPOLYTE STUPUY.

Paris. — Imp. Nouv. (ass. ouv.), 14, r. des Jeûneurs. — G. Masquin et Cᵉ.